RÉPONSE

AUX

OBSERVATIONS

DE M. H. D.

Sur *l'Appel au Peuple* du sieur Vidal, se disant apôtre Saint-Simonien, compagnon de la femme,

PAR

LOUIS MOLINIÉ.

St-PONS,

De l'Imprimerie de Jean FRANC;

1835.

RÉPONSE

AUX

OBSERVATIONS

DE M. H. D.

—

Sous quelque nom que se présentent les ennemis de la Société, l'homme de bien doit toujours être disposé à les combattre. (J.-J. Rousseau.)

TELLE est l'épigraphe qu'a choisie l'auteur des *Observations*, et que modestement, il s'est appliquée.

L'homme de bien qui élève sa voix pour combattre les ennemis de la société, devrait être plus vrai, plus logique, plus philantrope, meilleur que les ennemis qu'il combat : voyons si M. H. D. est un véritable homme de bien.

« *A une époque contemporaine de 1830 apparut en France, une secte dont l'existence était restée jusqu'alors inconnue* ».

4

Il y aurait de la vérité dans ces paroles, s'il n'y avait un parachronisme de quelques années. Pourquoi vouloir enlever à cette secte quelques années de son existence ? Qui ne sait qu'elle a commencé à donner de la publicité à ses doctrines en 1825, et par la voix de la presse, et par la parole, et que, successivement elle a étendu ses enseignemens ou prédications, de la capitale, aux départemens et à l'étranger?

M. H. D. continue et dit :

« *Les doctrines professées publiquement par les partisans de Saint-Simon, éblouirent quelques jeunes têtes ardentes et avides d'innovations* ».

Heureuse la secte qui a le bonheur d'attirer à elle des têtes jeunes, ardentes et avides d'innovations !

« *Bientôt, des prédications à jour fixe, furent organisées dans différents quartiers de la Capitale* ».

D'après M. H. D. ce ne serait que postérieurement à 1830, que les prédications des Saint-Simoniens auraient été entendues, et à Paris seulement ; nous avons dit plus haut à quelles époques commencèrent les dites prédications, et là où elles eurent lieu.

Nous sommes fâché de prouver une seconde fois qu'il n'y a pas vérité dans ce peu de lignes.

Poursuivons :

« *Le public se précipita en foule dans ces Athénées de nouveau modèle, et en ressortait toujours, sinon édifié, du moins satisfait de la modération et du ton de convenance avec lequel l'orateur avait exposé ses principes.* »

L'auteur est si généreux dans ce paragraphe, que nous le copions tout au long par reconnaissance.

Reprenons :

« *Le gouvernement resta long-temps paisible spectateur des efforts de cette jeunesse pleine d'imagination ; il pouvait regretter que les nouveaux talens qui venaient de se produire au grand jour, n'eussent pas donné à leur esprit une meilleure direction ; mais il devait rester neutre dans tout ce qui se passait sous ses yeux, parce que, actions et langage, tout jusques là était inofensif »—

Il eût été par trop impolitique, par trop maladroit que les *gouvernans*, nés de la veille, créés à l'improviste et de confiance, eussent, le lendemain des trois immortelles journées de juillet, dès leur entrée au pouvoir, attaqué cette *jeunesse pleine d'imagination*, *qui n'agissait qu'avec modération et convenance*, et qui, en un mot, n'avait *rien d'offensif*. Mais laissons les *gouvernans* se cramponer au pouvoir et nous verrons.

Personne ne mettra en doute que *si ces nouveaux talens*, avaient, comme la plus part de nos hommes d'état, qui ont si bien exploité 1830, donné à leur esprit une direction plus *centrale, plus mercantile*, ils n'auraient pas arraché des *regrets aussi amers au gouvernement*.

Quelle ingratitude envers un gouvernement tout *paternel*!!!

« *Les semences de ces nouvelles doctrines répandues dans tous les journaux, se propagèrent bientôt dans toute la France* ».

Dire que les journaux *propagèrent dans toute la France, les semences de ces nou-*

velles doctrines, c'est faire beau jeu aux Saint-Simoniens : c'est avouer leur puissance ; c'est proclamer leur force.

« *Les prosélytes de Saint-Simon virent grossir insensiblement leur phalange, et plus d'un père de famille eut à verser des larmes, en voyant celui en qui il avait fondé ses plus belles espérances, se jeter corps et biens dans ces idées nouvelles* ».

Que le gouvernement ait regretté que les nouveaux talens (les Saint-Simoniens) aient donné à leur esprit une direction qui n'était pas la *sienne*, à la bonne heure ; mais est-ce une raison pour que les pères *aient versé des larmes*, à voir leurs fils se jeter *corps* et *biens dans ces idées nouvelles?* Ces larmes eussent été plus légitimes, si leurs enfans se fussent jetés dans un cloître de fainéans pour y passer une vie nulle.

Mais soyons conséquens : si, alors qu'un fils obéit librement à l'impulsion qui nous pousse tous, nous voulons dire au progrès, à l'amélioration, le père est assez *tendre*, assez *niais* pour pleurer de ce qui fait la félicité de celui à qui il a donné le jour, que ne devrait-il pas faire, lorsque ce fils touche à à l'âge de la conscription, époque toujours critique et bien souvent fatale aux pères et aux enfans.

« L'opinion publique ne pouvait pas rester long-temps à se fixer; son jugement fut prononcé ».

Si l'opinion de notre gouvernement, si la plupart de ses arrêts pouvaient être considérés comme étant l'opinion et les arrêts de tous les Français, l'auteur aurait raison, car, en janvier 1852, et pour la première fois, les Saint-Simoniens furent troublés, empêchés, et depuis, traqués par la *vigilante* police. Alors *les colosses de la liberté,* nos gouvernans, se crurent assez forts pour devenir tracassiers ; ils cessèrent d'être *neutres,* et cependant, les Saint-Simoniens étaient toujours inoffensifs.

Pauvres Saints-Simoniens !!!

« On taxa d'utopies ridicules , toutes les innovations des héritiers de Saint-Simon ».

Il fallait bien leur reprocher quelque chose pour acquérir le droit de les poursuivre, et c'était leur faire trop de grâce que de ne les accuser seulement d'être des utospistes, après les avoir accablés de tant d'autres épithètes.

« *La discorde et bientôt la défection se mirent dans leurs rangs* ».

Il est facile d'assigner une cause à ceci : il n'est pas donné à tous les hommes d'être endurans ; il en est qui ne résistent pas aux moindres tracasseries de l'injustice ; il en est qui au contraire, grandissent par elles ; et il en est d'autres, et bien d'autres ! qui demeurent fièrement impassibles et bravent audacieusement les arrêts de la *Thémis aux trente millions de voix* !

Tel est le genre humain !

« *Après cette rupture, fondée sur une dissidence de principes, restèrent d'un côté les partisans de Saint-Simon amis de l'ordre et de la morale publique* ».

Merci pour ceux-là et pour Saint-Simon.

« *De l'autre côté, ceux qui voulaient tout renverser, tout détruire dans le monde social, sans respect pour ce qu'il y a de plus sacré ; la morale et la propriété* ».

En effet, MM. les Saint-Simoniens *tenaces*, c'est trop que de vouloir tout *renverser*, *tout détruire dans le monde social*, et de ne *conserver aucun respect pour la morale et la propriété.*

On assure que vous voulez instruire et enrichir le peuple. — Et qui fera valoir nos propriétés, nos manufactures, nos ateliers ? qui se chargera des travaux dégoûtans et pénibles?

Mais vous n'avez pas songé à une chose non moins importante (*toujours pour la morale*); et les filles du peuple si elles deviennent aussi instruites que nous le sommes, et qu'elles ne soient plus aussi misérables ? elles seront plus fières et partant plus difficiles. Et il ne serait pas moins comique que nous vissions un jour ce peuple se permettre quelques familiarités avec nous. Il faut qu'il y ait là quelque chose de plus ou de moins : car les mœurs avant tout, et les distinctions en même temps.

L'on vous accuse aussi de vouloir porter vos mains furieuses sur les successions de tous degrés de parenté, même sur les fortunes d'autrui ;

De ne vouloir pas même (mais ceci ne peut être qu'une charge) la transmission des trônes du père au fils ;

On va plus loin ; on ajoute que vous ten-
dez à un renversement tel, que vous pré-
tendriez faire d'un président de cour , un
substitut, et d'un substitut, un huissier ; et...
Il faut en convenir, MM. les Saint-Simoniens : ou vous êtes de grandissimes fous,
ou je ne vous ai nullement compris.

M. H. D. reprend :

« *N'étant plus comprimés par une sage
opposition qu'ils trouvaient, même dans leur
sein, ils se répandirent, en chantant, pérorant sur les places, dans les lieux et réunions publics de toutes les villes, ne cher-
chant qu'à relâcher et à rompre les liens
de l'ordre social* ».

Relâcher et rompre les liens de l'ordre
social , n'est qu'un diminutif d'un *renversement total* et d'une *destruction géné-
rale* ».

Qui peut le plus peut le moins.

« *Ainsi, après avoir détruit le foy
mestique, ils flétrirent la société co
après avoir cherché à changer l'
successions, ils prêchèrent la c
de tous les biens ; après avoi*

galité devant Dieu, ils prêchèrent enfin, l'égalité entre tous les hommes ».

Le but de ce passage serait plus complet, si à la suite de ces mots : « *la communauté de tous les liens* » on eût fait suivre ceux-ci : « *la communauté des femmes* ». Ce ne peut être qu'un oubli après tant d'autres échappés à M. H. D. Pour ce qui est de la *destruction du foyer domestique*, de la *flétrissure de la société conjugale*, *des changemens dans l'ordre des successions* et de leur prétendue opinion sur *l'égalité entre tous les hommes*, nous mettons tout cela au [nom]bre des bagatelles qu'embrasse large-[ment] l'avant dernier paragraphe, sur le [...]ent et la *destruction du monde* [...] ce que messieurs les réno[...] [...] ennemis soient convain-

[...]hiques, subversives
[...]raient qu'exciter
[...]t ; il aurait man-
[...]es devoirs, s'il ne fût
[...] l'ordre social attaqué.
[...]es réunions publiques des

apôtres de Saint-Simon furent interdites, et les plus obstinés, traduits devant les tribunaux ».

Ce dernier fait est un des rêves de M. H. D. rien n'est moins vrai qu'une pareille assertion. Tous les journaux de la capitale, en date du jour des premières poursuites dirigées contre les Saint-Simoniens, sont là pour la démentir ; tous d'une voix unanime rendent hommage au calme et à la modération que ces Messieurs opposèrent à ces maladroites brusqueries d'un pouvoir qui n'en sait pas d'avantage. Nous engageons M. H. D. à parcourir ces journaux afin qu'il puisse relever cette erreur dans sa seconde édition.

Après avoir fait remarquer cette inexactitude de la brochure de M. H. D., nous ferons remarquer que le passage qui précède ces mots : « *et les plus obstinés...* » n'est point ici à sa place, il le faudrait après la la première phrase du libelle, attendu que ce n'est pas, ainsi que nous l'expose M. H. D., tout récemment, que le gouvernement *défenseur de nos libertés* a commencé à poursuivre, de son *autorité*, les apôtres de Saint-Simon. Ce n'est pas seulement après que les *partisans* de Saint-Simon se furent *répandus en chantant, pérorant sur les places, dans les lieux et réunions publics de toutes les villes* que l'*autorité du pouvoir* déploya sa faiblesse contre eux; mais bien ainsi que nous l'avons fait remarquer, en janvier 1852 : alors il y avait deux ans que l'on était en possession du droit de tout faire impunément; il était temps d'en donner des preuves : aussi, l'histoire ne nous fournit-elle point d'exemples, que des *perturbateurs*, comme les Saint-Simoniens, aient jamais été honorés d'une interdiction aussi en *forme* et aussi *belle* que celle qui leur fut lancée en 1852. Il fallait voir, à part l'humble cortège du parquet, ces beaux et nombreux fantassins, ces plus beaux et plus nombreux cavaliers; on eût dit les préparatifs de la prise du *Trocadéro* ou de la citadelle d'*Anvers*.

Nous sommes bien aise de rappeller à la mémoire de M. H. D. ces *beaux* faits historiques de janvier 1852, afin qu'il puisse demeurer convaincu qu'ils ont eu lieu avant que les Saint-Simoniens se fussent livrés à la vie de voyageur, à laquelle seulement on voudrait attribuer toutes les mesures aussi mesquines que gigantesques de la *haute police,* à leur égard.

Nous nous demandons si ces amalgames de faits que nous présente l'écrit de M. H. D., ces imbroglio de circonstances, ces anachronismes sans fin, ne seraient pas une feinte du métier? si tout cela n'auraitpas pour but de faire oublier une juste remarque que firent tous les hommes qui aiment à se rendre raison de tout, à l'époque du déchaînement du pouvoir contre des citoyens qui n'avaient cessé, de l'aveu même de notre adversaire, de tenir une conduite et un langage inoffensifs? Ces hommes se dirent: comment se peut-il qu'un gouvernement *fort, généreux, populaire, ami de l'égalité, prôneur de la liberté, défenseur de de nos droits,* use de persécution envers des hommes, sans reproche d'ailleurs, et qui n'avaient jusques là éprouvé le moindre obstacle dans l'enseignement de leurs doctrines, même sous un gouvernement que son *succes-*

scur, appelle déplorable, enfin sous un gouvernement faible, peureux, rétrograde, encroûté de la rouille des siècles passés? On serait tenté de croire que 1830 à fui d'un côté, en même temps que la famille exilée a fui de l'autre.

Devinez ce qui nous reste.

M. H. D. avoue que *l'opposition du gouvernement fut taxée de persécution.*

En France, on appelle quelques fois les choses par leur nom.

Mais continue, M. H. D., *l'éloignement des populations pour ces sectaires, l'absence de toute sympathie pour leurs doctrines, ne tardèrent pas à faire justice des mesures salutaires qu'il avait prises ».*

M. H. D. a quelquefois l'habitude de prendre la partie pour le tout, la contrainte pour la libre volonté. *Tant que les mesures salutaires* du gouvernement n'auront pas de plus positives justifications, elles auront de la peine à se voir autrement *taxées que de persécutions.*

« *Les mauvais traitemens que certains de ces rénovateurs eurent à essuyer dans le* cours de leur mission, les portèrent à s'arroger le titre pompeux de martyrs de la Foi Nouvelle ».

Si nous tombons d'accord, avec M. H. D. qu'il y a un peu de vanité à s'arroger le titre de martyr, à si bon marché, il nous paraîtrait un peu juste, aussi, que lui, en sa qualité d'homme de Lien, vous fît connaître le titre que doivent à leur tour, s'arroger les auteurs des sus dites persécutions.

« Et ne pouvant exciter, par leurs principes, aucun intérêt, ils crurent mieux disposer l'opinion publique, en se présentant comme victimes de leur trop grand amour du genre humain !».

Tant pis pour eux, s'ils sont victimes de leur système. Pourquoi, avoir tant d'amour pour le genre humain ? A quoi bon un système d'amélioration ? Ne savent-ils pas que la fortune et les grands, même ceux qui le veulent devenir, sont les ennemis achar- nés des hommes de cœur ; que la fortune est tout, ici bas.

» Honnis pourchassés sur tous les points, leur persévérance ne fit que s'accroître »

Et par qui, s'il vous plaît *honnis et pourchassés sur tou... es points ?* S'il faut en croire ce que nous avons ouï dire, et ce que nous avons vu de nos propres yeux, ce sont sur *tous les points*, les mêmes mains qui les lapident, les mêmes bouches qui les insultent ; ce sont pour la plupart, quelques tristes et bonnes gens qui, illuminés, embrasés de fanatisme, se font, vers le déclin, comme pour faire *amende honorable,* les instrumens de la colère, de la vengeance des Dieu, à la manière de ceux qui ne volent Dieu qu'en eux-même, et qui le font à leur image. Et à mesure que la persévérance de *martyrs* s'accroît en face de toute espèce d'humiliations et de souffrances, le gouvernement, par surcroît de *générosité,* survient aussitôt et les frappe *loyalement* de sa lourde mais impuissante main de fer.

Pour être forts, il n'y a qu'à frapper ensemble et d'accord.

« *Mais avertis par tant d'échecs, ils sentirent qu'ils devaient abandonner leur premier plan, pour en adopter un autre qui attirât à eux la sympathie d'une véritable classe de la société* ».

Nous l'avons dit : les Saint-Simoniens grandissent à la faveur des obstacles que le *pouvoir* et sa liguée s'efforcent de leur opposer,
ils sont et demeureront toujours inflexibles
à leurs tyrannies, même à leurs caresses.
Exempts, ennemis de l'esprit de coterie et
de l'étroitesse des partis politiques qui s'en-
tredéchirent, uniquement guidés par le
plus rare désintéressement et passionné-
ment voués à l'extirpation des abus et des
priviléges qui rendent les uns oppresseurs
et peu tranquilles, et les autres opprimés
et remuans, ils n'ont à ménager, ni à men-
dier, ni à acheter la *sympathie d'une cer-
taine classe de la société*; ils parlent, ils
agissent dans l'intérêt de tous: voilà ce qui
leur a mérité entr'autres épithètes, celle
de *destructeurs de l'ordre social*, de la part
de M. H. D. et de ses consorts. il n'est
point de marquis, de barons, de noblillons
ou bâtars d'iceux, qui n'aient regardé
comme un *renversement* et une *destruction
de l'ordre social*, le décret de la célèbre nuit
du 4 août 1789, qui leur arracha pour toujours leurs antiques brevets d'insolence, par-

eux considérés jusques là, comme *imprescriptibles* et *sacrés*.

Et combien d'autres hommes ne se sont-ils pas écriés, il y a trois ans: « A nous! Français fidèles, à nous! sans quoi il y va du *renversement de l'ordre social!* » Eh ! de quoi s'agissait-il ? de remplacer un Bourbon par un Bourbon, et de quelques hommes cupides par d'autres plus cupides !

Tel est encore aujourd'hui ce bel ordre social, pour la défense duquel *tout homme de bien doit s'élever*, s'il faut en croire M. H. D.

« *Dès cet instant, ils prêchèrent les vertus du peuple, ils affectèrent de se montrer dévoués à son sort.* »

Quand les Saint-Simoniens *prêchent les vertus du peuple et qu'ils se montrent dévoués à son sort*, ils remplissent le vœu de leur mission, de leur cœur, ils rendent hommage à la vérité. Monsieur H. D, étiez-vous dans les rues ou dans les caves de Paris, en juillet 1830 ? Si vous étiez dans les caves, nous n'avons plus rien à vous demander; vous n'avez pu voir le peuple.

« *Et sous prétexte d'améliorer sa position sociale, ils lui firent un tableau mensonger de souffrances de malaise, qu'heureusement il ne connaissait pas* ».

Plus loin M. H. D. nous fera toucher au doigt ce tableau *mensonger des souffrances et des malheurs du peuple*.

L'auteur des *observations*, après nous avoir fait un exposé fidèle ou infidèle, vrai ou erroné des doctrines en masse, professées par les Saint-Simoniens, attaque en particulier l'un des apôtres de la *Foi Nouvelle*, Vidal, sur son écrit au peuple : nous allons voir comment il le réfute.

Notre profession n'étant point celle d'accusateur public, ni du premier, ni du second degré, nous ne suivrons pas les traces de notre adversaire, qui, soit par goût ou par état, n'a choisi dans l'écrit de Vidal, que quelques faits ça et là épars, afin de les rendre, par leur isolement, plus vulnérables à son accusation.

Nous allons reproduire tout au long, la brochure qui a pour titre, *Au peuple* et non point *appel au peuple*, comme il a plu à M. H. D. de l'appeler, et l'on jugera avec une plus juste appréciation, de quel côté est la vérité, la raison, et de quel côté est l'absence du sens commun.

Voici les paroles de Vidal :

AU PEUPLE.

————

PEUPLE,

« C'est TOI dont le bras infatigable laboure, plante, sème, moissonne ;

» C'est TOI qui bâtis les granges, les maisons, les palais et les temples ;

» C'est TOI dont la féconde industrie tisse » les habits somptueux et les brillantes parures;

» C'est TOI enfin PEUPLE, qui produis tout ;

» C'est aussi TOI, PEUPLE, qui ne jouis de rien !!!! »

M. H. D. ne peut tenir à un pareil langage, aussi ne craint-il pas de soutenir qu'il était facile de dire quelque chose de moins trivial, mais impossible de rien inventer de plus perfide et de plus faux.

Si, d'après notre langue, le mot trivial signifie une expression commune, usée, re-

les lignes de M. Vidal, que nous
batto de transcrire, ne sauraient être une
s°on. Invention signifie quelque chose
nveau ; et trivial signifie le contraire.
dans ce début de M.H.D. un non sens.
our que ces premières paroles de M,
lal, portassent un caratère de perfidie,
faudrait prouver qu'elles sont, 1°, de sa
propre invention, et 2° qu'elles tendent un
piége à la bonne foi du peuple, et pour
cela faire, il ne suffit pas de se borner à dire
avec un accent de déclamation, *que l'on af-
fecte de cacher au peuple le juste dédomma-
gement de sa peine et un salaire proportionné à ses labeurs.* S'il était vrai que chaque travailleur trouvât dans les travaux aux
quels il est assujetti, un *juste dédommage-
ment de sa peine,* un salaire proportionné
à ses labeurs, loin de chercher, par tous les
moyens possibles, à échapper au travail,
en un mot, à sa position, il bénirait la pro-
vidence aussi souvent qu'il la maudit, il en
vierait moins le sort et la position des oisifs
gorgés profusément de ce qu'ils prélèvent
journellement sur sa mince ration.

24

Pour prouver que les raisonneme[nts]
M. Vidal sont *des plus faux*, il nous repré[sente]
le peuple comme *jouissant, de tous les dr[oits]
dévolus à l'homme social, comme jouissan[t,]
aussi bien que tous les autres citoyens, de*
la protection des lois. M. H. D. n'a pas ré-
fléchi, avant d'écrire cet article, que, pour
avoir le droit de participer à l'acte le plus
important du citoyen, nous voulons dire
celui de concourir aux choix de la représen-
tation nationale, il faut avoir, non de la
capacité, non le sens commun, mais *le cens*
d'argent, d'après nos *lois même* : que pour
obtenir justice, il faut avoir, non la conscience nette, mais la bourse pleine; que pour
jouir du droit de la faveur, il faut, non
être probe, mais être vil, rampant, auda-
cieux, effronté. Quand le peuple sera tout
cela, et qu'il aura de l'argent, nous serons
de l'avis de notre adversaire.

Vidal continue :

« Le TRAVAIL et la MISÈRE,

» Voilà ta cruelle destinée ;

» Et ce n'est pas tout :

» Comme s'il ne suffisait pas que tu arro[ses]

ses la terre de tes *sueurs* et de tes larmes, il faut encore que tu l'inondes de ton sang.

» LA GUERRE ! LA GUERRE !

» PAUVRE PEUPLE ! »

Ce passage doit avoir l'avantage d'être au goût de M. H. D. puisqu'il daigne le laisser passer sans critique ni commentaire.

« C'est TON SANG qui ruisselle sur les champs de bataille.

» On t'arrache au TRAVAIL, pour te livrer à la MORT !

» Et *tes enfans*, qui en prend soin ? — Personne.

» Ils sont laissés à ta charge.

» A ta charge ! PAUVRE PEUPLE ! mais n'est-tu pas trop chargé » ?

Halte là, Monsieur le révolutionnaire, je suis fatigué de vous entendre. Est-ce par ce que je vous ai toleré un moment que vous élevez si fort la voix ? ah ! c'en est trop !

« *En vérité, cette exagération de langage ne dissimule pas assez la pensée de son auteur...* »

Pourquoi fallait-il que M. Vidal *dissimulât davantage sa pensée*, lui qui n'y tâche pas du tout ? chacun son métier.

« *N'est-ce pas pour provoquer au désordre, que l'on sème dans la société des idées aussi dangereuses ; n'est-ce pas pour faire soulever le peuple contre tout ce qui existe, qu'on exagère son prétendu malaise et ses souffrances ; que l'on représente comme si malheureuse sa position sociale, et qu'on l'accable de charges qui n'existent que dans l'imagination de celui qui en parle ?* »

Si ces idées semées par la bouche des Saint-Simoniens étaient de force à provoquer *au désordre et au soulèvement du peuple, contre tout ce qui existe*, depuis long-temps, et chaque jour, ces prétendus désordres se manifesteraient dans la société, parce que ce n'est pas d'aujourdhui, et d'aujourd'hui seulement que des hommes (autres, à la vérité que ceux qui ressemblent à M. H. D.) ont signalé à haute voix, les causes du malaise qui ronge la société ; en un mot, les misères du peuple et sa dégradation. Vainement les bourreaux de la société, sous le nom de protecteurs de l'ordre social, se sont efforcés de comprimer et d'étouffer ces justes et nobles cris d'affranchissement ; la raison, le désintéressement et la vérité, l'ont emporté à la longue, et l'emporteront toujours sur le mensonge, l'égoïsme et la déception.

Vidal poursuit :

« Tu peux à peine, par un travail excessif, soutenir ta misérable existence ; il faut encore que tu nourrisses, que tu élèves tes enfans !

» Aussi quelle éducation reçoivent-ils » ?

Ces quatre lignes ne méritent pas l'attention de l'*homme de bien*, aussi n'ont-elles pas l'honneur de figurer dans *ses Observations*.

Continuons de copier Vidal :

« Obligés de gagner leur vie dès l'âge le plus tendre, ils se livrent à un travail abrutissant et ne peuvent parvenir à rien ».

« *Mensonge!* s'écrie avec véhémence le défenseur de *l'ordre social*; *car, la charte déclare tous les Français également admissibles aux emplois.* »

Quelle platitude !....

« Mais, dira-t-on peut-être, les enfans *appartiennent* à leurs parens; la société ne peut s'en *occuper* :

» Mensonge!

» Tendres mères, s'ils vous *appartien-nent*, pourquoi vient-on vous les *ravir* au jour de la conscription?

» Alors, mais alors seulement, la société *s'occupe* de vos enfans;

» Oui, pour en faire des *machines à tuer,* de la *chair à canon* » !

Mais est-ce les enfans du peuple seulement qui sont soumis à cette loi? nous demande M. H. D., qui voit l'égalité partout, avec la *loi* et la *charte* à la main :

« *Tous les citoyens, dès leur majorité, quel que soient leur rang, leur naissance, ne sont-ils pas obligés de payer leur tribut à la patrie* » !

D'accord sur ce point; mais avec quelle monnaie paye celui qui a le rang, ou la naissance, ou la fortune? — Avec de l'argent ou des amis aux longues dents. Et le peuple, qui n'a ni l'un ni l'autre? Cependant, il faut des citoyens Français pour combattre des hommes qui ne sont pas Français, et quelques fois des Français même; il faut des hommes pour tuer d'autres hommes, et quelques fois des frères; il faut des hommes qui se font tuer à leur tour, ou qui, mutilés, vont mourir sur un fumier : eh bien ! ces hommes se trouvent parmi le peuple. Le peuple est robuste, fort et courageux, de plus il n'a rien à perdre.

M. H. D. Achève sa tirade.

« *Et combien d'autres encore, ne souffriraient-ils pas volontairement, si notre indépendance ou notre dignité nationale étaient menacées !* »

Loin de nous l'idée de vouloir contester à la France des hommes qui, de tout temps, l'ont honorée par leur héroïque dévonement. La France a enfanté dans tous les siècles, des hommes du plus grand mérite, dans les sciences et les arts; pourquoi n'aurait-elle pas donné le jour à des héros ? mais pourquoi aussi, sont-ils si mal récompensés par la patrie elle-même, qui leur doit en grande partie ce qu'elle est ? Voilà pourquoi les volontaires sont si rares, voilà pourquoi la conscription est devenue si indispensable.

Vidal continue :

« Et *tes vieillards*, PAUVRE PEUPLE! que deviennent-ils ?

» Lorsque le poids des ans les courbe vers la terre et les approche du tombeau, le repos serait si nécessaire à leurs têtes blanches!

» Eh bien! non; ils ne se reposeront pas!

» Ils ont tant travaillé pourtant!

» N'importe; il faut encore qu'ils travaillent, et qu'ils meurent à la peine!!!

» PEUPLE! PEUPLE!

» Que tu es malheureux! que ton sort est à plaindre!

» Mais va, console-toi ; prends patience.

» Espère en DIEU.

» Espère en NOUS.

» Cette terre, vallée de larmes, qui n'eut pour toi, jusqu'à ce jour, que des épines sanglantes, tu la *maudissais* comme une TERRE D'EXIL...;

» Mais bientôt, changée en un lieu de délices, elle n'aura plus pour toi que des fleurs aux couleurs riantes, des fruits aux parfums délicieux, et tu la *béniras* comme ta CÉLESTE PATRIE.

» Car *le* RÈGNE DE DIEU *arrive*;

» *Sa volonté va être faite sur la* TERRE *comme au* CIEL.

» PEUPLE, tu le vois, nous connaissons ton mal ;

» Mais en savons-nous le remède ?

» Oui, nous le savons ; écoute :

» L'ISOLEMENT dans lequel tu languis, voilà la cause de ton malheur.

» L'ASSOCIATION sera le remède à toutes les souffrances »

La colère de M. H. D. veut bien faire grâce à ce long passage. — Doit-on lui en savoir gré ? — Nous en doutons.

Mais l'article que nous allons continuer de transcrire n'en échappera pas au même prix.

Le voici :

« *Jusqu'à ce jour* tu as gagné ta vie comme tu l'as pu, sans que personne vînt jamais s'informer si tu avais du travail et du pain. »

M. H. D. répond :

« *Qu'est donc devenue la charité chrétienne, où sont-elles réléguées ces âmes pieuses dévouées à l'humanité ?* »

Nous n'en savons trop rien ; mais nous savons bien en revanche ce que deviennent les malheureux, et là où ils sont rélégués,

Ils sont partout, et partout ils souffrent.

« *Mais pourquoi affecte-t-on d'ignorer que lorsqu'un malheureux est dans l'indigence tout le monde compatit à son sort, et que mille mains bienfaisantes se disputent le plaisir de le secourir.*

Belle et louable manière de se donner du plaisir, que de prolonger la misère de son semblable, en lui donnant quelques restes de pain dur ; à la vérité, ce plaisir est moins barbare que celui que l'on se donnait jadis, par les spectacles des gladiateurs à mort. Voilà du progrés.

« *Eh ! au lieu de se livrer à des déclamations dangereuses, dans l'unique but de soulever les masses,* continue M. H. D., *pourquoi ne cite-t-on pas des exemples pour prouver que la charité a failli vis a-vis d'un seul indigent ? Cette tâche serait bien difficile,* ajoute l'écrivain charitable ».

Puisque la charité n'a jamais failli vis-avis d'un seul indigent ; pourquoi les rues, les places publiques, sont-elles jonchées de ces malheureux, non compris un plus grand nombre encore, qui gisent douloureusement sur leurs grabats, dévorés de douleur, d'avilissement et de misère? — A quoi servent vos prétendues charités chrétiennes? — Nous allons vous le dire : à aggraver la misère, à apauvrir, à dégrader le misérable.

« *Quant à nous*, poursuit l'ami de la pauvreté, *quoique la main qui fait l'aumône nous cache d'ordinaire, le bienfaiteur et le bienfait, il nous serait encore fort aisé d'enregistrer ici, une foule de traits honorables pour l'humanité.* »

Nous n'ignorons point qu'il n'est pas de règle sans exception; mais il est à remarquer aussi, que M. H. D. prend ici, comme en bien d'autres circonstances, l'exception pour la règle, et que Vidal prend la règle, et laisse l'exception. Voilà la cause de leur dissidence en certains endroits de leur controverse.

Revenons à l'écrit de Vidal:

« Ton voisin, s'il exerce la même profession que toi, est souvent ton plus grand ennemi; il ne cherche point à te procurer de l'ouvrage, mais, au contraire, à t'enlever celui que tu peux avoir. »

Voici la répartie de son contradicteur :

« Mais le voisin du peuple qui exerce la même profession que lui, est le peuple même, et ce peuple, si vertueux, selon l'écrivain, se métamorphose tout-à-coup, et devient le plus terrible ennemi de lui-même; il cherche à s'entredétruire! on dirait Saturne qui dévore ses propres enfans! mais qu'importe, la vérité, la vraisemblance même? Il fallait que le tableau fût chargé de couleurs sombres, et on a fait des maux du peuple une peinture toute d'imagination ».

Quelle inaptitude! quelle détresse de conception! quelle fausseté de jugement! aussi n'insisterons-nous pas davantage à faire ressortir les nombreuses absurdités auxquelles s'est laissé aller l'auteur des *Observations*, sans avoir jamais rien observé, d'après sa brochure même.

Si jamais M. H. D. est assez heureux pour que la nature lui fasse son droit; qu'elle le mette à même d'y voir plus clair, d'être plus impressionnable et plus judicieux, alors il rendra plus de justice à ce peuple qu'il accable de son dédain aujourd'hui, à ce peuple qu'il regarde comme étranger à son étoffe;

alors, il en parlera avec plus de vénération; alors, disons-nous, il se repentira d'avoir considéré son malaise comme une nécessité, et d'en avoir fait l'objet de ses dérisions.

« *Dans l'avenir*, poursuit Vidal, en parlant du peuple, tu ne seras plus abandonné à toi-même, à la faiblesse, à la misère.

» Tu n'auras plus d'ennemis intéressés à ta ruine, t'arrachant le travail des mains et le pain de la bouche.

» Tous t'aimeront, tous seront tes soutiens et tes protecteurs.

» Car tous les hommes se sentiront FRÈRES, et tous seront associés en une seule famille.

» Or, dans cette FAMILLE UNIVERSELLE,

» L'ÉDUCATION sera donnée à TOUS indistinctement, au fils du plus pauvre, comme au fils du plus riche.

» Car *tous* les enfans sont égaux *devant* DIEU, *dans le* CIEL;

» Pourquoi ne le seraient-ils pas *devant* » LES HOMMES, *sur la* TERRE?

» Ne sont-ils pas tous également nus et faibles en naissant?

» Et si l'on donne à tous, des langes pour

les couvrir, le sein d'une femme pour les allaiter, pourquoi refuserait-on au plus grand nombre l'éducation qui peut seule développer leurs facultés?

» N'est-il pas d'ailleurs dans l'intérêt de la société de former des citoyens capables de la bien servir?

» C'est ainsi que le laboureur sème pour récolter un jour.

» L'ÉDUCATION sera entièrement *gratuite*.

» Non-seulement les parens n'auront pas à payer les soins que l'on donnera à leurs enfans, mais encore ils seront déchargés de tous les frais de leur nourriture et de leur entretien.

» Rien de plus juste; car s'ils n'avaient pas les moyens de nourrir et entretenir leurs enfans sans rien faire, faudrait-il que ceux-ci fussent privés de l'éducation à la quelle TOUS ont un droit égal?

» L'ÉDUCATION sera divisée en deux parties, l'une *morale*, et l'autre *professionnelle*.

» L'ÉDUCATION MORALE sera la première et la plus importante.

» Elle aura pour objet d'initier les enfans

au sentiment de la *fraternité universelle*, d'inculquer dans chacun d'eux l'amour de tous les hommes, *enfans égaux d'un seul* DIEU; en un mot, de former leurs jeunes cœurs à la vertu, en leur inspirant des sympathies douces et religieuses.

» L'ÉDUCATION PROFESSIONNELLE viendra ensuite.

» Elle aura pour objet de développer les différentes facultés des enfans, et de leur enseigner à chacun suivant ses dispositions naturelles ;

» Soit un ART, comme la poésie, la musique, la peinture ou la sculpture ;

» Soit une *science*, comme les mathématiques, la physique, l'histoire naturelle ou la botanique ;

» Soit une *industrie*, comme la menuiserie, la serrurerie, l'agriculture ou le négoce.

» Ainsi l'éducation ne consistera plus seulement à enseigner aux enfans, la lecture, l'écriture et le calcul.

» Car, si tous les hommes ne savaient que cela, ils périraient bientôt et de froid et de faim.

» Mais tous les enfans apprendront des états, chacun selon son goût, selon *sa vocation* qui vient de DIEU, et non selon *le hasard de la naissance*, selon la condition de son père.

» Pourquoi le fils d'un simple ouvrier, s'il a des talens, ne deviendrait-il pas ingénieur, médecin ou magistrat ?

» LA FONCTION sera donnée à *chacun* suivant SA CAPACITÉ.

» On le sent, rien de plus *juste* rien de plus *utile*.

» La société fournira à *chacun* l'instrument de son travail ;

» A l'un une terre ; à l'autre un atelier ; à celui-ci une boutique ; à celui-là une bibliothèque.

» LA SOCIÉTÉ sera organisée comme une ARMÉE.

» Mais au lieu que les armées d'aujourd'hui sont *guerrières*, et ont pour but la *destruction*, les armées de l'avenir seront *pacifiques*, et n'auront d'autre but que la *production*.

» L'ouvrier sera comme le soldat, mais

beaucoup mieux que le soldat, logé, vêtu, nourri, etc.

» Il pourra s'élever et monter en grade; d'ouvrier devenir chef, comme le soldat, devient caporal, sergent, etc.

» Il n'aura jamais à craindre que le travail lui manque, car la société qui l'adopte se charge de lui en fournir.

» Ainsi plus de MENDICITÉ, plus d'hommes réduits par le manque d'ouvrage, à tendre aux passans une main suppliante.

» Plus d'AUMÔNE; elle avilit l'homme, elle engendre la fainéantise et toute sorte de vices, et ne guérit pas la misère du pauvre.

» Il y aura du travail pour *tous*, et ce travail sera payé *convenablement*, bien mieux qu'il ne l'a jamais été.

» Car, dans cette ORGANISATION DE L'INDUSTRIE, il n'y aura plus de *concurrence*.

» La CONCURRENCE est la RUINE des *travailleurs*.

» C'est elle qui fait baisser le prix de l'ouvrage, et par conséquent, le salaire de l'ouvrier. »

Jusque ici, depuis notre dernier départ,

rien n'a déplu à M. H. D.; rien ne lui a semblé, dans cette longue tirade, *subversif* ou *provocateur.* Que n'avez-vous toujours parlé ainsi, mon cher Vidal, vous ne vous coucheriez pas en ce moment sous la plume de votre réfutateur; vous ne gémiriez pas non plus sous les verroux de la police: vous jouiriez, *peut-être*, des *libertés garanties par la Charte dans toute leur plénitude!*

M. Vidal va encore parler pour un moment, et peut-être pour son malheur.

« Alors les *machines*, qui, aujourd'hui coupent les bras des ouvriers, au profit de quelques fabricants, seront employées très avantageusement au profit de tous les associés ».

C'est ce que n'entend pas notre docteur en économie politique. Il ne trouve dans ces paroles, pleines de vérité dailleurs, qu'une *excitation au désordre, au renouvellement enfin, des événemens déplorables de la seconde capitale de France.*

Si toutefois, les derniers événemens de Lyon devaient être imputés à de vérités semblables à celles que M. H. D. reproche aujourd'hui M. Vidal (ce qu'il n'a garde de prouver) raison de plus, dans tous les cas, pour ne pas laisser fomenter petit à petit par un hypocrite et lâche silence, un germe de trouble qui va droit au cœur du plus grand nombre; raison de plus, pour faire retentir aux oreilles de la société en géné- ral, les causes qui pourraient, d'un jour à l'autre, par un coupable *laissez faire*, amener le retour des plus funestes désas- tres, afin que le pouvoir, dans sa *léthar- gique* sagesse, se hâte de faire quelque chose de plus qu'il n'a fait jusqu'ici pour ce pau- vre peuple *souverain*, qui ne demande, hélas! dans sa *souveraineté*, que du travail et du pain.

Et que serions-nous, peut-être, vous, Monsieur H. D. et tant d'autres, si avant nous, et bien avant nous, des hommes *hardis*, mais *passionnés* pour le bien général de l'huma- dité; des hommes à larges vues, mais dé- sintéressés, n'avaient, au mépris des criail- leries qui leur venaient d'en *bas*, et des persécutions qui leur venaient d'en *haut*, élevé leurs puissantes voix contre les épou-

vantables abus de l'antique aristocratie? —
Nous traînerions encore la CHAINE; et tel,
qui de nos jours se permet de l'arrogance, et
de la fatuité ne serait probablement, qu'un
malheureux vassal, qu'un méprisable vilain.

Mais la haine de M. H.D. est si chaude-
ment avide de vengeance, que, non con-
tent d'avoir, dans sa revue, *invectivé* en
détail les divers chefs qui lui ont paru plus
incriminables; sans égard pour la dignité
de Français, il oublie que cet homme, qu'il
frappe, se trouve sous le poids d'une accusation, faite à plaisir, et de plus, entre
les mains de *notre justice*; c'est-à-dire en
prison.

C'est alors, disons-nous, qu'il se déchaîne
de plus fort contre Vidal et de prétendus
griefs, et l'accable enfin, mais heureusement de son impuissante *virulence*.

Voici en quel style :

« *Le sieur Vidal ne s'arrête pas encore
là; il ne fût pas arrivé à son but; s'il fût
resté en aussi bon chemin. Ce n'est pas sans
intention qu'il se ment à lui-même, qu'il en
impose à ses propres convictions, en fesant*

des misères du peuple un tableau infidèle et mensonger, ce n'est pas sans motif qu'il lui prêche qu'il est écrasé sous le poids des charges nombreuses que la société fait peser sur lui; qu'il ne jouit de rien, qu'il ne peut parvenir à rien. Ce n'est pas sans portée dans l'esprit non plus, qu'il représente au peuple le travail languissant dans l'indigence et l'opprobre, pendant que l'oisiveté se redresse dans l'opulence et l'orgueil; qu'il lui montre les travailleurs et les oisifs se frappant d'une haine réciproque..... Toutes ces déclamations ne sont que des ornemens destinés de précautions oratoires, au moyen desquels on prepare le peuple pour ramasser en lui le plus de haine possible contre les riches, le plus d'acharnement contre la propriété, véritable point de mire des attaques réitérées des sectaires de Saint-Simon »

Ce passage n'étant qu'une récapitulation presque exacte de tout ce qui avait été dit jusques là par M. H. D. , et à quoi nous croyons avoir répondu, nous nous abstiendrons de toute réponse et de toute réflexion à ce sujet.

M. Vidal continue à prouver l'influence des machines, dans le cas d'association.

« Les machines au lieu d'appartenir à quelques individus, elles appartiendront à la société.

» Et tandis que, d'une part, elles serviront à fabriquer une plus grande masse de prodruits,

» Elles faciliteront ainsi le travail et augmenteront la richesse.

» LA RÉTRIBUTION sera donnée à *chacun*, suivant SES OEUVRES.

» On ne verra plus le *travail* languissant dans l'*indigence* et l'*opprobre*, pendant que l'*oisiveté* se redresse dans l'*opulence* et l'*orgueil*.

» Et surtout l'on ne verra plus des *travailleurs* et des *oisifs* se frappant d'une HAINE réciproque.

» Tous les hommes vivront en *frères* dans la *grande famille*.

» TOUS TRAVAILLERONT,

» Non par *force*, mais par *vertu* et même par *plaisir*;

» *Par vertu*, car dès leur plus tendre enfance, ils auront appris que tous les hommes sont égaux, et que le travail est la commune loi ;

» *Par plaisir*, car le travail sera devenu extrêmement facile et agréable.

» Personne ne viendra dire : *Je ne travaille pas, je suis riche, je vis de mes rentes.*

» Car, *vivre de ses rentes*, C'EST VIVRE DES SUEURS DU PEUPLE ».

Tout eût été fini là avec M. H. D. si cette nouvelle maxime ne fût venue rallumer sa colère mal éteinte.

Écoutons comment il l'assouvit :

» *jamais l'ordre social ne fut attaqué avec autant de violence ; jamais doctrines aussi hardies ne furent imprimées, commentées publiquement ; jamais les ennemis de notre organisation sociale ne se sont élevés avec autant de force contre ce qui existe depuis des siècles* ».

On dirait que M. H. D. appréhende la la démolition de son gothique château.

« *Amis de la Société* (dit-il en finissant), *levez-vous tous comme un seul homme, pour défendre des droits imprscriptibles et sacrés; éclairez le peuple sur ses devoirs; appliquez-vous sincérement à améliorer son sort; prouvez-lui surtout par des soins encore plus empr ssés, que la calomnie n'altérem jamais vos sentimens pour lui. Vous aurez bien mérité de vous même; vous aurez bien mérité de l'humanité ».*

Nous nous plaisons à considerer c'et appel de M. H. D. aux amis de la société, comme un louable retour sur lui même; et s'il n'eût pas différé aussi long-temps à convenir que la position du peuple avait besoin d'être *améliorée*, et qu' l fallait *l'éclairer* d'avantage, nous n'aurions pas demeuré jusqu'ici à nous serrer la main. Quoiqu'il en soit, nous nous estimons heureux d'avoir fini ainsi : et nous verrions avec non moins de bonheur que M. Barthe, daignât par un sentiment de reconnaissance, *racourcir* l'éspace qui sépare *Monseigneur* le ministre de la justice, de M. H. D. substitut, si on nous a dit vrai. Alors M. le garde des sceaux, mais alors seulement, *aurait bien mérité de lui même, aurait bien mérité de l'humanité.*

de copier Vidal.

» L'OISIVETÉ ! On la méprisera

» un jour comme aujourd'hui les soldats

dans la LÂCHETÉ.

» L'oisiveté est la mère de tous les vices.

» Pour avoir le droit de ne rien faire,

penser, il faut avoir déjà travaillé.

» La RETRAITE est assurée à TOUS les

TRAVAILLEURS ;

» Retraite honorable, pleine de douceurs

et de charmes, où le vieillard trouvera enfin

la digne récompense des longues fatigues de

sa vie.

» La vieillesse ne sera point, comme au-

jourd'hui, condamnée au travail où à la

mendicité, ou bien réléguée, avec un avare

mépris, dans une *maison de charité.*

» Mais le vieillard, entouré d'une fa-

mille qui l'aime sincérement, et qui n'at-

tend point sa mort avec une sordide im-

patience, pourra s'endormir doucement dans

le sein de son DIEU ;

» Et l'immense bonheur qui est assuré à

ses enfans, sourira à ses yeux demi éteints,

comme la plus brillante consolation.

» Peuple, voilà le sort que nous
lons te faire;

» Juge maintenant si nous sommes
amis.

» Mais comment parviendrons-nous à réa-
liser cette ère de bonheur que nous te pro-
phétisons?

» Déjà je te vois brandissant un fer aigu
ou saisissant un lourd pavé pour terrasser
tes ennemis.

» Arrête-toi.

» Ce n'est point par la *guerre*, mais par
la *paix* seule que nous obtiendronts pour toi
cette nouvelle LIBERTÉ. »

On ne peut s'empêcher de remarquer que
ces Messieurs, par aucun de leurs actes,
n'ont jamais démenti, depuis qu'ils fon
partie de la famille nouvelle, leur langage
d'ordre, de paix et de pacification, bien
qu'ils soient constamment en bûte aux calom.
nies des uns et aux indignes persécutions
des autres.

« Jusqu'à ce jour, PAUVRE PEUPLE; tu as
été le jouet des partis qui te poussaient sur
les places publiques ou sur les champs de

bataille, à l'émeute ou à la guerre.

» Dis-le moi, que t'en revenait-il?

» Tu abandonnais au désespoir et à la misère tes femmes, tes enfans, tes mères, tes vieillards.

» Tu triomphais par ton courage héroïque, car tu voulais *vaincre* ou *mourir*.

» Mais d'autres n'arrivaient-ils pas aussitôt, qui t'escamotait la victoire?

» Car ils craignaient ou faignaient de craindre que ton ardeur généreuse ne se changeât en fureur de pillage.

» Et tout couvert de blessures sanglantes, tes membres mutilés, l'on te chassait indignement, plus misérable que jamais, au fond de tes réduits obscurs;

» Ou bien, par une pitié ironique et cruelle, on t'accordait la faveur *d'une place à l'hôpital.*

» PAUVRE PEUBLE! comme on te jouait!

» C'est pourquoi nous qui sommes vos vrais amis, nous qui, connaissons ton mal et qui en savons le remède,

» Nous ne te disons pas : VA TE BATTRE.

» Mais nous te disons : TRAVAILLE.

» PLUS D'ÉMEUTES! PLUS DE GUER-
RE!

» PLUS DE SANG!

» LA PAIX! LA PAIX! VIVE LA
PAIX!!!

VIDAL,
Apôtre compagnon de la FEMME.

Voilà la brochure de M. Vidal que nous avons copié tout au long pour éviter les méprises et faux jugemens que l'on aurait pu faire sur son compte, surtout les lecteurs qui n'aurait vu que la brochure de M. H. D. par elle ou n'aurait appris autre chose, sinon que l'écrit de M. Vidal avait été gratifié par son *observateur*, du titre de *provocateur au désordre*, de *subversif de toutes les lois*, etc., etc., Nous ne voulons pas nous faire juge dans cette cause: nous n'avons pas l'honneur d'avoir étudié le *droit*. Mais était-ce à M. H. D., quelles que soient sa caste et sa couleur, à lui, accusateur public, sous le titre d'*homme de bien*, de reproduire et distribuer avec profusion, une brochure qui, d'après lui et les siens, n'aurait d'autre but que d'appeler la *des-*

truction et le renversement dans le monde social? il eut pu, ce nous semble, croire son *devoir* assez rempli, et sa *conscience* et son *honneur* passablement satisfaits par le ridicule réquisitoire qu'il avait déjà lancé contre M. Vidal. Et au lieu de donner de la publicité à une brochure déjà incriminée par lui-même, et par lui-même dénaturée à plaisir par le choix de quelques passages disposés et présentés au gré de son caprice, il eût été plus sage, disons-nous, et surtout plus conséquent, de la laisser dans l'oubli où elle était peut être déjà, si telle était sa destinée. Dans ce cas M. H. D. eut mieux approché le rôle d'*homme de bien*, qu'il ambitionne autant qu'il le méconnaît; dans ce cas, il ne se fut pas rendu le complice d'un Saint-Simonien, en propageant une partie de ses idées incendiaires. Toutefois, soyons juste, quoique nous n'en ayons ni le droit, ni le titre; disons que M. H. D. abhorre quelquefois M. Vidal, que même, il le mord à belles dents quand il le peut.

Nous ne dirons pas que M. Vidal, par son carretère de Saint-Simonien, est absolument inoffensif ; nous ne dirons pas que parce qu'il est Saint-Simonien, M. H. D. le tient sous les clefs de la geole qu'il alimente chaque jour par ses nombreux réquisitoires , parce que ce serait faire une trop plate allusion à l'une des fables du célèbre Lafontaine.

Louis Molinié.

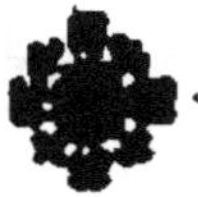